PEDRO ADROVER FONT, UN MAQUIS EN LA RESISTENCIA ANARQUISTA

MANEL AISA

Legu, kopiu, diskonigu, reverku,
kantu, muzikigu, kriu, recitu
ĉi Libron, Diskonigu la Ideon!

Llegiu, copieu, difoneu, reescriviu,
canteu, musiqueu, crideu, reciteu
aquest Llibre, Difoneu la Idea!

Pedro Adrover Font,
un maquis en la resistencia anarquista
Texto: Manel Aisa
Edición: Jordi Maíz | Raúl Montilla

Silenciades. 03, 11x16 cm, 97 p., 2025

CALUMNIA EDICIONS
calumnia-edicions.net

enero de 2025
ISBN 978-84-129699-0-0
DL: PPM 00010-2025

PEDRO ADROVER FONT
UN MAQUIS EN LA RESISTENCIA ANARQUISTA
MANEL AISA

CALUMNIA

Entender qué pasó en los años cuarenta en España y por qué tantos hombres y mujeres del movimiento libertario se lanzaron a recuperar su dignidad, hostigando todo aquello que olía a fascismo franquista, falangista y, en definitiva, al pensamiento egoísta y más rancio del ser humano, aun a sabiendas de sus limitadas fuerzas, cada vez más mínimas, pero que, no por ello, siguieron intentando desenmascarar un régimen oligárquico que tenía a toda España en la miseria y en una profunda y lúgubre cárcel.

En un artículo aparecido en el periódico *CNT* en clandestinidad de 1945 y que lleva por título "Volver a Vivir", se señala que "quedó mudo el pueblo español. Este pueblo niño que reía por doquier y mostraba al mundo, con gesto infantil, sus galas preciadas, se halla hoy en un mutismo que aterra. Desapareció su alegría, su vivacidad, su locuacidad, su vida. Vive sin vivir. Parecerá una paradoja, pero es cierto. El pueblo español perdió su nervio. Un día aciago, aureolado por la tragedia más horrible que registra la historia, quedó inerte en plena calle. La bota infame del militarismo pisoteó despiadadamente su sensibilidad, desgarró sus carnes, hizo trizas toda la ilusión de este pueblo romántico y noble"[1].

Esa es la España de que nos habla y describe de una manera directa, aquellos años de horror, aquella España lúgubre entre la tristeza de la iglesia y el militarismo que daban una y otra vez las gracias al nazismo, ya que, sin ellos, sin los nazis, nunca hubiesen vencido la alegría de vivir de aquel pueblo ilusionado por construir un mundo nuevo a cada instante, que se estaba constituyendo con pinceladas revolucionarias.

Uno de esos generosos anarquistas fue Pedro Adrover Font. Había nacido en Palma de Mallorca el 21 de junio de 1908, hijo de Manuel y Esperanza. Llegó a tener la profesión de vidriero.

No queda rastro documental que nos hable de su infancia en Palma de Mallorca, ni tan siquiera si llegó con sus padres a Catalunya o vino ya de mayor a Barcelona, al Masnou, en los años treinta; sabemos que fue miembro de las Juventudes Libertarias de aquel magnífico pueblo del Maresme.

Una vez en el Masnou debió estar cerca de José Bernabé y de José Carrascosa, que en 1933 fueron los delegados del sindicato único del Vidrio de Masnou al Pleno Regional de Catalunya celebrado en marzo de 1933. Como también es muy posible que fuera compañero y amigo del mexicano Miguel Colomer Juriol *Rosset*, que durante la revolución estuvo trabajando en el ayuntamiento revolucionario de Masnou. Al término de la guerra civil fue detenido, juzgado y condenado a muerte, siendo ejecutado el 12 de julio de 1939. José Moliné Serrano también pudo ser compañero de Pedro Adrover, que por el momento se desconoce su suerte, así como tantos otros que guardaron las costas del Maresme de los barcos fascistas que se acercaban para bombardear a la población civil.

Pero vayamos por partes; el 19 de julio de 1936 los hombres de la CNT-FAI, con Joan Juan al frente, tomaron el control del pueblo y como base y centro de sus operaciones utilizaron el Casino de Masnou, donde se instalaron sus oficinas y parte de las patrullas de control del pueblo. Dentro del Comité de Milicias Antifascistas se hicieron con las armas que consiguieron en la toma del cuartel de San Andreu, donde seguro que Pedro Adrover Font estuvo entre los asaltantes. Otro de los hechos destacables de la guerra civil, o mejor de la revolución, es como se creó en aquel pequeño pueblo de la costa mediterránea de la comarca del Maresme un centro de investigación científica donde se desarrollaron investigaciones en diferentes campos de la enología, veterinaria, química, etc., con Luís Vié Casanovas y Albert Carsí Lacasa a la cabeza de aquel proyecto que era de carácter secreto.

Pedro Adrover en los años de la república llegó a tener el cargo de Presidente de las Juventudes Libertarias del pueblo de Masnou; en 1936 marchó al frente con la columna *Los Aguiluchos de la FAI*, columna que marchó en dirección de Aragón el 28 de agosto de 1936. Guiando los primeros pasos de la columna iban Juan García Oliver, Miguel García Vivancos y el capitán Juan Guarner, que era un militar de confianza de García Oliver; eran unos 1.500

hombres que se dirigieron al frente de Huesca. Según García Oliver, este nombre de la columna lo puso él unos días antes en un mitin confederal. Se dirigieron hacia Grañén, Huesca, y como hechos relativamente anecdóticos de la columna cabe destacar que, como escaseaban las armas, no todos llevaban las ametralladoras; la estrategia del armamento consistió en reunirse en grupos de cuatro, que eran al unísono responsables del armamento que disponían. La gran mayoría de la columna estaba constituida por personas de ambos sexos; eran jóvenes de 16 a 18 años. Como la CNT en aquel momento tenía miedo de dejar Barcelona sin mano de obra cualificada para la construcción de la industrial de guerra, solo quería que fueran en esa columna gente muy joven. De todos modos, algunos como el propio Pedro Adrover, vidriero de profesión, partía con la columna con 28 años; debía ser uno de los mayores de aquel proyecto de entusiastas que iba a reforzar el frente.

Juan García Oliver que había partido con la columna se volvió del frente a Barcelona a los pocos días de partir, ya que lo reclamó Mariano Rodríguez Vázquez *Marianet*, responsable de la CNT catalana, para seguir con sus tareas organizativas, ya que hacía mucho más falta en el Comité de Milicias Antifascistas. La columna fue a reforzar el frente de Huesca y estuvo muy próxima al batallón Malatesta en Huesca y junto al batallón Carlo Roselli, que llevaba por nombre *Colonna Italiana Francisco Ascaso*[2].

Terminada la guerra civil en 1939, Pedro Adrover Font se exilia a Francia. Como tantos otros republicanos, estuvo en los campos de concentración del sur de Francia, donde contrajo la enfermedad de la tuberculosis, en aquel tiempo muy extendida y contagiosa; después, a la que pudo, escapó y se incorporó a los maquis franceses, durante buena parte de la Segunda Guerra Mundial. Cayó prisionero de los nazis y fue enviado a los campos de concentración de Mathaussen, donde fue uno de los pocos que salvó la vida; después tuvo la ocasión de contar el horror de la vida cotidiana en aquel campo de exterminio.

Una vez terminada la Segunda Guerra Mundial y viendo que los aliados decidieron no intervenir en un estado fascista como era la España de Franco, será el momento en que desde el exilio libertario de Toulouse se decida crear, en 1947, el *Movimiento Libertario Español*, que se convirtió en una especie de rama militar de la CNT, donde Pedro Adrover será uno de los primeros en afiliarse en aquella nueva actividad. Años después, el propio comité instalado en Toulouse, ante las presiones del estado francés, decidió desautorizar a destacados militantes como Quico Sabaté o Josep Lluís Facerías, que llegó a ser expulsado por no estar al día del pago de cuotas.

Este hecho motivó que años después muchos maquis quedaran un tanto desamparados, pero en aquel momento, desde Toulouse, se trataba de prestar toda la infraestructura posible a aquellos que decidían volver a España para hostigar y enfrentarse al fascismo.

Aquel año de 1947 Pedro Adrover recibió la orden, al igual que otros, de regresar a Barcelona con el encargo de asesinar a Eliseo Melis, ya que se había demostrado que era un confidente de la Brigada Político Social que dirigía el policía Eduardo Quintela, aunque al parecer Pedro Adrover no llegó a realizar este encargo, sino que lo hicieron otros.

Pedro estuvo por Barcelona con Francisco Martínez Marín *El cubano* y César Saborit. Los tres intentaron crear una especial de infraestructura del movimiento libertario en Barcelona y comarca; luego volvió a Francia por unos pocos días y de vuelta a la ciudad condal un mes y medio más tarde.

Pedro Adrover Font, conocido por *El yayo*, estuvo en un primer momento con el grupo de maquis de Josep Lluís Facerías.

El primero de mayo de 1947 ya encontramos de nuevo a Pedro Adrover en Barcelona; ha pasado unos días antes por la frontera con Francia en compañía de Celedonio García Cansino y ahora toca encontrarse con Juan Cazorla *Tom Mix* y Ramón González Sanmartín *Nanu de Granollers*; éstos, una vez han expropiado un automóvil Citroën, se dirigen, en compañía del taxista Diego G.Z., desde la plaza Tetuán hasta la calle Padre Claret, donde se encuentran con Pedro Adrover Font y Celedonio García Cansino. Son las 8:40 horas de la mañana, y acto seguido, los cuatro marchan hacía Granollers para realizar una expropiación en la fábrica de tejidos Roca Humbert SA, situada en la avenida Reina de la Victoria número 81 de la localidad, donde se apoderan de unas dieciocho mil pesetas. Antes de salir, se entretienen unos segundos para inutilizar los teléfonos; según los testigos, Pedro Adrover, con metralleta en mano, amenazó al portero de la fábrica y algunos empleados, mientras Sanmartín protegía el coche con el que debían huir, para acto seguido salir de la ciudad de Granollers, abandonando el Citroën en un bosque cercano a Lliça de Vall, donde seguramente tenían otro auto para tomar una nueva dirección.

El 29 de junio de 1947 hay una caída importante de la infraestructura sindical clandestina de la CNT, en la que hay varios detenidos y son desarticulados varios comités regionales y locales. Pasan por la jefatura de policía de Vía Layetana, y posteriormente son recluidos en la cárcel Modelo, Miguel Arahaute García, camarero de profesión; Jaime Borrás Costa, nacido en Badalona en 1918, secretario del sindicato del Vidrio; Juan Casado Nolla, nacido en Serra d'Almós, Tarragona, en 1900; Ángel Domínguez Jarque, nacido en Badalona en 1918; José Eduardo Esteve, nacido en Corinos, Valencia, en 1917, del sindicato del Espectáculo, tenía la documentación en clandestinidad de José López Aguado; Nicanor Fernández Lobeto, nacido en Los Corrales, Santander, en 1916; Antonio Figueras Muray, nacido en Papiol en 1915, acusado de espionaje, volverá a ser detenido en próximas ocasiones y la última de ellas enviado a Girona, para ser juzgado en aquella ciudad; Manuel Gerique Huson, nacido en San Pedro de Calanda, Teruel, trabajaba de ferroviario y en los años 30 estaba ubicado en Moral la Nueva, de Teruel, fue detenido y acusado de colaborar con el maqui; Pablo Gutiérrez Fernández, nacido en Cabezón de la Sal, Santander, en 1907; Alfredo Ibáñez Paredes, nacido en Lleida en 1915, también acusado de actividades subversivas; José López López, nacido en Soller, Mallorca, en 1904; Vicente López Minguez, nacido en Calesa de Valdeolesa, Santander, 1921, acusado de participar en el maqui y en la clandestinidad; Amadeo Llopis Mora, nacido en Francia, Mont Bas, pero que en los años cuarenta vivía en Barcelona; Isidro Molina Córcoles, nacido en Hellín, Albacete, en 1917; también Juan Molina Gómez, nacido en Cartagena en 1911, ya había sido detenido anteriormente como preso gubernativo, lo que significa que ya estaba señalado por la policía del régimen; Tomás

Montesinos Baeza, nacido en San Fulgencio, Alicante, en 1914; Jaime Munt Vergés; Pedro Munuera Ruiz, nacido en Alhama, Murcia, en 1912; José Pons Bracons, que en los años 40 vivía en Torelló; Marcelino Ripoll Llobera, nacido en Barcelona en 1922; Manuel Rojas Rojas, nacido en Cuevas de Almanzora, Almería, en 1908, en los años cuarenta vivía en Mora la Nova; Pedro Ruzafa de Sola, nacido en Vélez Blanco, Almería, fue detenido e implicado en la reconstrucción del movimiento libertario; Vicente Sierra Ruiz, nacido en Barcelona en 1923. También fueron detenidos Rodolfo Solé Fuguet, nacido en Barcelona en 1905, de profesión vidriero, y Antonio Carpena Martínez, que ya había estado detenido en septiembre de 1939; ahora, de nuevo, le tocará pasarse más de medio año en la cárcel[3].

Un pleno clandestino de las Juventudes Libertarias del interior prepara y organiza una campaña para inundar Barcelona de pasquines contra *La Ley de Sucesión*. Se imprimieron y repartieron más de setenta mil hojas volantes por la ciudad, que afirmaban:

Si votas "Sí" votas por Franco.
Si votas "No" votas por Franco.
"¡NO VOTES!".
CNT-FAI-FIJ.

Retomemos la figura de Eliseo Melis Díaz y recordemos que llegó a ser el secretario general de la federación regional catalana de la CNT en el interior. Aquellos que ya sabían o sospechaban en el interior que Melis no era trigo limpio, lo empezaron a intuir ya en 1940; la mayoría de ellos, viejos militantes anarcosindicalistas, tuvieron la iniciativa de crear un nuevo comité regional de la CNT del interior, clandestino naturalmente, para intentar contrarrestar el que en aquel momento hacía funcionar

Melis. Este nuevo comité estaba formado por Vicente Barrientos, Manuel Saña y Camilo Piñón.

¿Qué ocurrió aquel día 12 de julio de 1947 en el Bar Castells de plaza Buensuceso con Melis?

Una vez hubo la certeza de que Eliseo Melis era un confidente de la Brigada Político Social desde el exilio se montó una estrategia para poner fin a su vida. Melis confidente de la policía era en aquel momento el Secretario de la Regional Catalana de la CNT.

Y desde Franca había llegado un grupo de compañeros anarquistas dispuestos a ejecutar a Melis, eran Antonio Gil Oliver, José Pérez Pareja y José Villegas Izquierdo, lo que fueron en busca de Melis en el Bar Castells.

A la llegada de estos unos días antes a Barcelona necesitaban cobertura y por ello conectaron con Pedro Adrover Font, Paz Iglesias y César Saborit que eran en aquel momento las personas y enlaces de la organización en clandestinidad el llamado *Movimiento Libertario Español* del interior. Este grupo les debió dar infraestructura (casa, lugares de encuentro seguros e indicaciones de dónde encontrar a Melis).

Unos días antes, los comisionados Antonio Gil Oliver y José Pérez Pareja llegaron a Barcelona procedentes de Francia y conectaron con José Villegas y Pedro Adrover. Paz Iglesias y César Saborit les ofrecieron la cobertura de un piso franco.

Aquel día, 12 de julio, Eliseo Melis había salido de su casa en la calle Mitja de Sant Pere de Barcelona. Había quedado con una chica llamada Candelaria S. O., de 30 años de edad, en el Bar *Castells*. Unos aseguran que estaba jugando al billar, pero todo apunta a que tenía una cita, como se vio después cuando llegó la tal Candelaria, soltera, hija de Ramón y María, natural de Sant Mateu de Bages; vivía con sus padres en la calle Lope de Vega de Pueblo Nuevo.

La policía empezó con la reconstrucción de los hechos a partir del interrogatorio a Candelaria al día siguiente, no sin dificultad, ya que esta chica estaba tuberculosa en grado avanzado, hasta el extremo que mientras era interrogada tuvo un vómito de sangre, por lo que se suspendió el interrogatorio y se mandó a su casa.

Candelaria asegura que mientras Eliseo Melis estaba en el bar hablando con ella se presentaron tres hombres (maquis) que resultaron ser Antonio Gil Oliver, José Pérez Pareja y José Villegas Izquierdo, conocidos de Eliseo. Antonio Gil y José Pérez discutieron con Melis y le invitaron a salir del bar, tomando para ello la dirección de la calle Elisabeth hacia la calle Montealegre; anduvieron discutiendo todo el trayecto, sobre todo el que tenía la iniciativa era Antonio Gil, mientras que ella, junto a José Villegas, andaba unos pasos más atrás y otros que se quedaron aún más atrás o tal vez en el propio bar. Al llegar a la pequeña plazuela de Los Ángeles es cuando vio cómo todos sacaban sus pistolas y Eliseo corrió para esconderse en una escalera. Detrás iban disparando Antonio Gil y José Pérez Pareja; era una escalera con un portal estrecho que apenas tenía un metro de ancho, por otro de alto, y sin luz, por lo que a la entrada había que agacharse; eso sí, con un pasillo de varios metros de largo y ya mucho más alto, lo cierto es que el cuerpo de Eliseo Melis se encontró ya cadáver en el segundo rellano de la escalera, que correspondía al entresuelo de aquella vivienda.

Melis llevaba una pistola marca Barreta, calibre 9 milímetros corto, número de fábrica 569.432, con un cargador vacío, por lo que queda claro que trató de defenderse y respondió a la agresión, disparando todo el cargador. Antonio Gil Oliver y José Pérez Pareja fueron detrás de Melis hasta la entrada de la escalera de la calle Montealegre; una vez allí, en aquel momento pasaba casualmente por allí una camioneta del reparto de la leche, con la matrícula B. 57.997, propiedad de la granja Viader de la calle Xucla de Barcelona. Una vez cometida la agresión contra Eliseo Melis, hicieron bajar primero al ayudante que iba en la camioneta y José Villegas se puso al volante de la misma, mientras que José Pérez Pareja, malherido en el estómago, trataba de taponarse la herida, mientras Antonio Gil le ayudaba en lo que podía. Al parecer llegaron hasta la calle Urgell, donde intentaron encontrar un médico afín, pero al final optaron por llevar a José Pérez Pareja hasta el Hospital Clínico, donde entró en urgencias y fue intervenido quirúrgicamente. Todo había pasado en muy pocos minutos, desde los disparos en la calle Montealegre hasta dejar en urgencias del Clínico a José Pérez Pareja.

La policía no podía interrogar a José Pérez Pareja por su mal estado físico y cuando lo hizo al día siguiente, el 13 de junio de 1947, lo hizo junto al juez que se había encargado del caso. Con la supervisión de los médicos, los miembros de la Brigada Político Social no pudieron sacar demasiados hechos en claro. José Pérez Pareja, sabiendo que ya poco recorrido le quedaba, toda la información que pretendía la policía se la dio tergiversada, lo que permitió la huida de los compañeros.

Pero Candelaria sí que identificó la foto de Antonio Gil Oliver, que constaba ya en el fichero de la Brigada Político Social; la policía ya sabía a quién buscar, pero no tenían ni idea de cómo localizarlo, así que, por el momento, hicieron un bando que apareció en el Boletín Oficial del Estado para que se presentará en cuarenta y ocho horas en comisaría.

El chófer de la camioneta de reparto de leche se presentó en comisaría para explicar qué había acontecido en la plaza de Los Ángeles junto a Montealegre, y posterior recorrido. Se trataba de Ricardo B. S., 25 años, soltero, mecánico, hijo de Ricardo y María que vive en la calle Conde del Asalto, 150, vecino del Pueblo Seco; explicó el viaje de la furgoneta, pasando por la ronda de Sant Antoni, Viladomat, Gran Vía hasta llegar a Urgell, Diputación, donde Antonio Gil Oliver, aseguraba Ricardo, que le dijo que ellos habían actuado de esa manera por tratarse de un traidor a la clase obrera, donde le dejaron bajar de la furgoneta, pero antes tuvo que prometer que no miraba hacia dónde iba la furgoneta, y a partir de aquel momento se dirigió a informar al guardia urbano que tenía más próximo y después fueron ambos hasta la comisaría.

El cuerpo ya sin vida de Eliseo Melis fue reconocido en primera instancia por un policía de la comisaría de Hospital que en aquel momento podría estar ubicada en la esquina Pintor Fortuny con Doctor Dou. El cadáver estaba de boca abajo, con la cabeza mirando hacia la pared, iba vestido con un traje de paño gris, sin chaleco, camisa azul a rayas, calcetines oscuros y zapatos bajos en blanco y color; era calvo, llevando gafas de cristal incoloro gruesas, de cara redonda y afeitado, presentaba una herida en el pómulo derecho, otra en el cuello del mismo lado, otra de las heridas la encontramos en el tórax, todas ellas producidas por arma de fuego. En el lugar del enfrentamiento entre Melis y los anarquistas se encuentran diez cápsulas usadas de pistola de distinto calibre, y especiales, hay cuatro de nueve milímetros corto, uno del nueve largo y cinco de calibre largo, y en el suelo hay varias balas manchadas de sangre; también hay algunas balas incrustadas en la pared del pasillo de la escalera, no muy lejos del cadáver.

Eliseo Melis llevaba en ese momento un billete de 1.000 pesetas, 5 billetes de 5 pesetas, 3 billetes de 50 pesetas, 2 billetes de 25 pesetas y 9 billetes de cinco pesetas, dos billetes de 2 pesetas y 7 billetes de peseta, todos ellos de curso legal del Banco de España.

La policía realiza un informe donde reconoce que sabían que era un confidente suyo y que tanto anarquistas como comunistas lo denunciaban constantemente entre los suyos.

También la policía implica, o mejor sospecha, que también intervino el anarquista Alfonso Miguel, del barrio de Sans, conocido como *El Pequeño* y un tal García, del que por el momento no se conoce nada más. Alfonso Miguel era ya un viejo militante que en los primeros años del siglo había colaborado en montar en la Barceloneta la Societat *La Naval*, que poco tenía que ver con aquella historia.

El doctor que certificó la muerte de José Pérez Pareja fue el que aquel día tenía guardia en el servicio de urgencia del Hospital Clínico. Se llamaba José Sabelo Safont y lo firmará el 4 de agosto de 1947 todo y que murió el 17 de julio del 47, es decir 18 días más tarde; hay un error en la fecha del documento al indicar que murió en 27 de julio del 47, que luego más tarde se rectifica, y hace la observación de que en un principio la identidad era de José López Pareja cuando se pudo comprobar y rectificar la propia identidad del muerto. Es José Pérez Pareja.

La causa que se abrió por el asesinato de Eliseo Melis en los juzgados de Barcelona llevaba el número 31.592, abierta un mes después de los hechos. Antonio Gil Oliver podía estar acompañado por Rafael Rodríguez Rovira, Antonio Rodrigo, alias *El Malo de Burgos*, o José Villegas Izquierdo. Sabemos que José Villegas Izquierdo estuvo en 1936 con las columnas del POUM; había salido hacia el frente de Aragón el 26 de julio de 1936. Otros hablan de que estuvo en la Columna Durruti, en la 49 centuria, y fue herido en agosto de 1936; tuvo una discusión con el general Pozas, que lo acusó de indisciplina y cobardía, por lo que estaba condenado a muerte, pero se escapó y volvió con los cenetistas, integrándose en la 153 Brigada Mixta, de la columna *Tierra y Libertad*, donde también estuvieron, por ejemplo, Marcelino Massana, José Mateu Cusido, hermano de Pere Mateu, Antonio Sebas Amorós (muy amigo de Melis, que más tarde sufrió un atentado por parte de los libertarios), Francisco Señer Martín, que luego estuvo colaborando con Paco Ponzán y Emilio Vilardaga, que ya llevaba más de un año encerrado en la cárcel franquista cuando cayó Melis.

Volviendo a la situación de los implicados en el caso de Melis, la policía poco a poco y atando cabos fue ampliando el número de maquis a los cuales dar alcance. Si bien desde primer momento sabía de Antonio Gil Oliver, les costó un poco más saber la identidad de los demás; así, el 29 de septiembre de 1947, que ya habían pasado más de dos meses, dan a conocer a los hombres implicados en el atentado contra Melis y ofrecen sus nombres, en busca y captura, de José Villegas Izquierdo, Antonio Gil Oliver, Rafael Rodríguez Montseny y Antonio Rodríguez. Este comunicado volverá a ser actualizado un año después desde las mismas dependencias de la Guardia Civil, que continúa buscado a todos los que cree implicados en el atentado a Eliseo Melis; este último comunicado está fechado el 18 de octubre de 1948.

La rumorología libertaria implicó también en este atentado a Eliseo Melis a otros componentes del movimiento libertario señalados antes, que estaban en el MLR (Movimiento Libertario de Resistencia). Como por ejemplo Pedro Adrover Font El Mallorquín, (*yayo*), pero revisada la documentación interna del caso nunca aparece oficialmente ni Pedro Adrover ni otros como por ejemplo José López Penedo, un hombre nacido en Galicia próximo a Quico Sabaté del grupo *Los Novatos*, que fue detenido tiempo después en la madrugada del 9 de marzo de 1949, cuando la policía que buscaba al hermano de Quico, se encontró con José Sabaté que pudo escapar no así José López que se encontraba con José Sabaté en una casa de la calle General Sanjurjo de la Torrassa, ejecutado en el campo de la Bota el 4 de febrero de 1950.

También y más recientemente en la rumorología libertaria se ha implicado a Liberto Sarrau y Joaquina Dorado en el atentado a Eliseo Melis, hecho que podemos afirmar que no es cierto.

Es muy probable que Pedro Adrover en este caso lo único que hizo fue, como hemos dicho antes, crear la infraestructura para el tiempo que estuvieron los implicados en Barcelona.

Para terminar con este capítulo hay que saber que aquel mismo día, 12 de julio de 1947, la Brigada Político Social fue a la cárcel Modelo en busca de José Cases Alfonso y se lo llevaron a la comisaría de Vía Layetana para interrogarlo por si sabía alguna cosa, con referencia a Melis; buscaban a los dos que acompañaban a Pareja que, como sabemos, la policía desconocía quiénes eran en aquel momento.

Pocos días después del ajuste de cuentas con Eliseo Melis, participa Pedro Adrover en un atraco el 17 de julio de 1947 en la sucursal del Banco de Bilbao de la calle Mallorca, esquina Rocafort de Barcelona, donde se expropian una cantidad importante de 172.000 pesetas; con él participa en esta aventura Juan Cazorla Pedrero *Tom Mix*, Domingo Ibars Juanis y Feliciano Perpiñán Pla.

En aquel entonces en Catalunya aquellos que podían se organizaban por zonas comarcales; así, vemos cómo el Comité Comarcal Bajo Llobregat del MLE, el 1 de agosto de 1947, lanza un manifiesto que lleva por título *Al antifascismo militante y revolucionario y al pueblo trabajador en general*; este manifiesto se encargan de repartirlo unos cuantos compañeros como Francisco Aragó Bocillo, Joaquín Llopis Granell, Felipe Langa Derás o Manuel Ruiz Moradeira; una vez descubiertos, después de la detención de Francisco Aragó por la policía, debieron escapar a Francia y pasar la frontera por Prats de Molló con un guía de la organización, que seguramente era un miembro próximo a Marcelino Massana.

Una semana después, Pedro Adrover Font, Celedonio García Cansino y Ramón González Sanmartín *El Nanu de Granollers*, junto a algún otro compañero hasta ahora desconocido, se dirigen a la sucursal del Banco Español de Crédito de la calle Mallorca de Barcelona donde logran expropiar de las arcas del capitalismo más de 100.000 pesetas. El 18 de agosto de 1947, a mediodía, alquilan un taxi con matrícula B-59.675 y se dirigen al Banco de Bilbao del Paseo Maragall, donde otra vez con pistola y ametralladoras en mano, hostigan al capital del fascismo y se llevan 179.917 pesetas. Sin duda, eran golpes que dolían a la policía y en especial a los hombres encargados de la Brigada Político Social de Eduardo Quintela y Pedro Polo, que sin duda cada golpe anarquista lo toman como una afrenta personal.

Los anarquistas en aquel momento insistían en agredir a las finanzas del franquismo fascista. A finales de aquel mes de agosto del 47, concretamente el 29 de agosto, sobre las 10 de la mañana, Pedro Adrover y Ramón González Sanmartín se dirigen hacia el Banco Español de Crédito de la calle Mayor de Gracia y se apoderan de 130.000 pesetas, dándose posteriormente a la fuga; otros informes señalan que el botín fue de 210.000 pesetas y la acción la

Brigada Político Social la relacionó con el grupo *Talión*. Aquel día, en otro extremo de la ciudad de Barcelona, hubo un enfrentamiento entre la Brigada Político Social donde murió el maqui Fernando Mariñas Falcón, que al parecer pertenecía al grupo *Veneno*; los hechos ocurrieron en la calle Campo Sagrado de Barcelona, muy cerca del Paralelo. Fernando era madrileño, un generoso anarquista que seguro tuvo sueños de libertad y una bala fascista segó su vida. Aquel hecho de la muerte de Mariñas nada tenía que ver con lo que estaba ocurriendo en el otro extremo de la ciudad con el grupo *Talión*.

Por aquellos días, los hombres de *Talión* deciden en grupo volver a Francia; les conducirá como guía Ramón Vila Capdevila *Caracremada*. Así, cruzaron la frontera con Francia el 20 de septiembre de 1947, componiendo el grupo Juan Cazorla, Antonio Gil Oliver, Pedro Adrover Font y,

probablemente, Ramón González Sanmartín y Celedonio García Cansino, que se
establecerán en suelo francés unos cuantos
meses.

Concretamente, Pedro Adrover debió
pasar unos días en Francia, quizá algo más
de un mes, ya que en octubre no se le conoce ninguna actividad en el interior, aprove-
chando para vivir en Toulouse mientras se
celebra el segundo Congreso del Movimiento Libertario Español. En aquel momento, las Juventudes Libertarias tenía una
afiliación en el exilio de 18.774 componentes de las distintas federaciones locales en
Francia. El nuevo comité elegido estará
compuesto por José Peirats Valls como Secretario, Pedro Mateu Cusidó en Coordi-
nación, Pablo Benaiges se hace cargo de
Administración y Jurídica, Juan Puig Elías
(Cultura y Propaganda) y Miguel Vázquez
Valiño, que ocupa la secretaría de Organización y Estadística.

En noviembre de 1947, Pedro Adrover de nuevo está por Barcelona, parece que han cruzado la frontera junto a los maquis Francisco Martínez Marín, César Saborit, Ramón González Sanmartín y Celedonio García Cansino; también andan por aquí Francesc Ibars Juanis y Ramón Llaugui Pomés, que en este viaje de vuelta hace de guía por las montañas pirenaicas.

También en aquel noviembre la historia marca los hechos del 19 de noviembre de 1947, cuando a las 10:30 h. de la mañana paran un taxi B-59675 y se dirigen a la sucursal del Banco de Bilbao de la calle Londres, armados como siempre con pistolas y ametralladoras, haciéndose con un botín de 179.000 pesetas.

Al día siguiente, en Valencia, se produce un hecho significativo al ser detenido el secretario del comité nacional del interior, Manuel Villar Mingo, quien se había responsabilizado del XV comité nacional del interior junto a las compañeras Julia Cano Valenciano y Marina Esteban. Todos son enviados a la Jefatura de Seguridad de la Puerta del Sol, en Madrid.

El 18 de diciembre de 1947 encontramos otra expropiación a las finanzas del franquismo, donde intervienen Pedro Adrover Font y Celedonio García Cansino; a primeras horas de la mañana cogen el taxi B-59.675, que conduce Bautista C. V., y se dirigen a la calle Marqués de Sentmenat, a la altura del campo de fútbol de las Corts; eran las 10:30 h. de la mañana cuando se presentan en la Sucursal del Banco de Bilbao de la calle Mallorca; pudieron recoger y recaudar 179.917 pesetas, un sobre con participaciones de la lotería nacional y diversos documentos y sortijas valorados en 200.000 pesetas y, como siempre, al salir cortaron los cables del teléfono para dificultar los llamamientos a la policía. El taxi que utilizaron para la huida lo encontraron al día siguiente en la calle Nuestra Señora del Coll.

Durante los primeros meses de 1948, el trabajo de Pedro Adrover Font consistió en enlazar los grupos de los maquis con los comités de la CNT en el exilio, principalmente en Toulouse.

En estos meses de 1948, Pedro Adrover es uno de los militantes más activos del movimiento libertario del interior; por ejemplo, coloca más de un explosivo en diferentes partes de la ciudad (el 3 de junio en la catedral de Barcelona, que provoca pocos desperfectos en la estatua de San Pancracio aunque, en realidad, aquella explosión iba dirigida al *Caudillo*, que aquel día debía visitar la catedral; solo sirvió para que aquellos que iban a reverenciar a Franco se llenaran de polvo los pulmones, por lo que nos contó, años después, Miguel García).

El 10 de junio de 1948 vuelven a la acción por las calles de Barcelona. Así, Pedro Adrover Font, junto a Celedonio García Cansino, Ramón González Sanmartín y Juan Cazorla, paran el taxi M-47.936, conducido por el taxista Rufino B., y a punta de pistola los conduce hasta la sucursal del Banco de Bilbao de la calle Mayor de Gracia, expropiando la cantidad de 163.305 pesetas. En aquel momento la policía, por la forma de actuar, intuye que se trata del grupo de maquis *Talión*. En el taxi, al parecer, encontraron un billete de 100 pesetas en el suelo, que seguro se cayó por descuido.

El 13 de junio de 1948 hay un encuentro de las Juventudes Libertarias en la calle Tallers de Barcelona, frente a las rotativas de *La Vanguardia*; al parecer, la idea era hablar de nuevas ediciones de la revista *Ruta*, portavoz de las Juventudes Libertarias, y de su financiación. Alguno de los anarquistas que acudió a la reunión fue seguido por la Brigada Político Social de Barcelona, dirigida por Eduardo Quintela, lo que desembocó en un enfrentamiento en el que murió un policía, pero también Ramón González Sanmartín *El nanu de Granollers*. Sobre Pedro Adrover, en algunos informes aseguran que participó en el tiroteo, mientras hay otros que dicen que no estaba en esa reunión; sí sabemos que participaron Raúl Carballeira, Víctor García y Juan Cazorla, que pudieron huir y, por el momento, poner tierra de por medio.

Pocos días después, el 26 de junio de 1948, Raúl Carballeria será cercado en su escondite del barrio Can Valero en Montjuic; numerosos policías se parapetan cerca de la barraca donde habita y el intercambio

de disparos termina cuando Raúl Carballeira se suicida con la última bala que le
queda en el cargador de su pistola. Había
nacido en Argentina y tenía el seudónimo
de *Aramis*, recordando la novela de Alejan-
dro Dumas *Los tres mosqueteros*.

Volvemos a ver cómo relacionan a Pedro
Adrover Font con la colocación de unos ar-
tefactos explosivos en diferentes lugares de
la ciudad el día 10 de julio de 1948.

El 15 de agosto de ese año vuelve un
grupo de maquis a Francia, esta vez el guía
será Francisco Denis *Català*; en el grupo
iba Cazorla, convaleciente por unas heridas
de bala, además de Guillermo Ganuza Navarro, Josep Pujol (médico), Josep Lluís Facerías y Pedro Adrover Font. En este viaje
conocerán a Wenceslao Giménez Orive,
que será una de las primeras personas que
los recibe en Francia.

En este periodo de mediados de 1948 es posible que Pedro Adrover estuviera a resguardo en Francia, Toulouse, o en alguno de los pueblos y ciudades cercanas.

A finales de diciembre de 1948 encontramos otra iniciativa de los maquis; nos iituamos pocos días antes de navidad, concretamente el 21 de diciembre. Parece ser que expropian un taxi matrícula B-19.927 al conductor Virgilio S. M.; en esta acción participan Celedonio García Cansino, Enrique Martínez Marín, Josep Lluís Facerías y, probablemente, con ellos también estaba Pedro Adrover Font y Domingo Ibars Juanis. El hecho es que se dirigieron hasta la calle Mayor de Gracia, donde estaba ubicado el Banco Hispano Colonial, y allí se apoderaron de 400.000 pesetas, una máquina de fotografiar, valorada en 1.500 pesetas. En la huida, el taxi fue conducido por Josep Lluís Facerías. Al parecer, según la Brigada Político Social, de este expolio se habían repartido unas 60.000 pesetas: a un tal *El Maño* le dieron 17.000 pesetas (probablemente le pasaron un dinero a Wenceslao Giménez Orive para la infraestructura del grupo de *Los Maños*) y a Domingo Ibars Juanis le dieron otro tanto, que en aquel momento tenía 20 años; el resto para la organización. También fue sustraída una cartera a Mariano G. R., al grito de manos arriba; llevaba una máquina fotográfica Kodak, un grado angular del 3,5, dos cajas de clichés de 9 x 12 cm de la casa Valca con un valor de 3.500 pesetas y 10 fotografías; marcharon con un taxi que aguardaba en la calle San Marcos, coche que abandonaron a la altura de *Las Golondrinas* en el puerto de Barcelona. En el coche encontraron un sobre con las iniciales JL, un estuche de gafas y una cartera de negocios; era la sustraída en el banco recién asaltado, pero descuidaron en ella una ametralladora y su munición; la adrenalina que exigía el momento hizo que los descuidos formaran parte del

evento. Referente al asalto del Banco Hispano Colonial y a la actuación de los maquis de ese día 21 de diciembre, hay otros
historiadores que lo sitúan en Hospitalet
de Llobregat.

Otra temporada a resguardo de Pedro
Adrover, seguramente en el exilio; esos cinco primeros meses del inicio de 1949 ya no
aparece por Barcelona; lo volvemos a encontrar el 13 de mayo de 1949 (otros señalan el 15 de mayo del 49), con la colocación
de un artefacto explosivo en el consulado
de Bolivia. Al parecer, Bolivia y otros países
aceptaba que España entrará en la ONU,
pese a que un informe reciente de 1946
señalaba que era un estado fascista.

El hecho de que varios países estuvieran
a favor de la entrada en la ONU provocó la
reacción de los grupos anarquistas, que
sabían cómo las gastaba el estado fascista en
España, por lo que Pedro Adrover Font,

junto a Enrique Martínez Marin y un desconocido apodado *Areny* (otros apuntan que también participo en este acto Josep Lluís Facerías y Juan Serrano, este era un ex boxeador que acompañaba en muchas ocasiones a Facerías); el objetivo de aquella acción era hacer ruido, para que se les prestara atención. Por ello, colocaron una bomba en la calle Girona, sede del consulado de Bolivia; al parecer fueron vistos por el sereno de la zona, que tuvo que ser reducido con algún golpe para dejarlo un rato sin sentido. El grupo estaba sincronizado para actuar a la vez con otro donde estaba Francisco Sabaté, que hizo lo mismo en el consulado de Brasil en la Rambla de Catalunya (que no llegó a explotar), colocando otro explosivo en el consulado de Perú la calle Muntaner, que detonó y ocasionó cuantiosos desperfectos.

El 3 de junio de 1949 de nuevo estalla una bomba en la catedral de Barcelona, que coloca el anarquista Pedro Adrover; eran las 11:30 h. de la mañana cuando reventó la pequeña bomba, que hirió a Ernesto S. C., una persona de 68 años que en aquel momento pasaba por el lugar.

Sin duda, Pedro Adrover era un especialista en explosivos, así es que de nuevo lo intenta el día 15 de junio de 1949, colocando un artefacto en una de las ventanas del Palacio de Justicia que dan a la calle Almogavares, ocasionando daños materiales y algún que otro susto, que era en definitiva lo que se proponía. Aquel 15 de junio había un consejo de guerra sumarísimo en Madrid a un buen puñado de anarquistas de la CNT, a los cuales, por organización clandestina, se les pedía de veinte a treinta años. Se trataba de José González Feijoo, Manuel González Ureña (Manuel Rodríguez), José Medina Royo, Bonifacio Lobera Arribas, Gregorio Batored Ade, Enrique García Estella, Leonardo Glaria Lareguim,

Manuel Pola Lanas, Luciano Navarro Alegre, José Escosa García, Dionisio Diego, Camilo Sierra, Teófilo Navascués, Pablo Ferrer, Concepción Esteban y Claudia Esteban. Entre otras actividades clandestinas, habían creado *Transportes Galicia*, muy cerca de la Plaza del Sol y de la Dirección General de Seguridad en Madrid.

El 2 de julio de 1949, tras apoderarse del taxi B-54.494 y despojar a su conductor Francisco A. de la gorra y la bata de taxista, documentación y 80 pesetas, Pedro Adrover, Domingo Ibars, Arquímedes Serrano, Francisco Martínez Márquez y César Saborit se dirigieron a la fábrica de construcción de maquinaria para cerámica ICAM de la calle Pedro IV y encerraron al personal en una habitación de las oficinas, amenazándolos si se movían, prestos a lanzar una bomba granada, y después actuando con suma tranquilidad, en el despacho del gerente, se llevaron 50.000 pesetas y al jefe de personal, Juan C., lo cachearon y le quitaron 120 pesetas; al menos eso es lo que declaró este último delante de la policía.

El 18 de julio de 1949 no había nada que celebrar. Aquella noche, Pedro Adrover Font y Enrique Martínez Marín colocaron un artefacto en la Plaza Catalunya, que estalló a destiempo y provocó la muerte de una persona y otras resultaron heridas, de poca consideración. Entre los heridos, con distintas lesiones, se encontraron José R. M., Eustaquio P., Francisco G. P., Juana Z. R., Josefa Z. Z., Esther Z. Aquella bomba lo que provocó fue el derrumbe de la fachada de una comisaría de la Policía Municipal de Barcelona; la desgracia es que había un indigente durmiendo en uno de los recodos de aquel lugar que nadie advirtió. Aquello fue una desgracia y todo el grupo *Talión* quedó tremendamente afectado, pues no esperaban aquel nefasto resultado con la muerte de una persona. También hubo una explosión en la Plaza Calvo Sotelo (hoy, Francesc Macià) y se colocó otro artefacto en una ventana del Hotel Ritz, en la calle Lauria, sin que llegara a estallar.

El movimiento libertario por aquellos días genera mucha actividad, aunque sus hombres son conscientes que actúan en minoría y que tarde o temprano serán detenidos, pero aun así tratan de castigar al fascismo. Es así como aquel 12 de agosto de 1949, en otro lugar de la ciudad, a las 11:00 h. de la mañana, en la joyería de Emma Schwitters de Bauer en la calle Valencia, los anarquistas se presentan en aquel lugar y aparcan un coche Chrysler Royal, matrícula B-68094 –que había sustraído del garaje Luxor-, en la misma puerta de la joyería y descienden del mismo Pedro Adrover, Domingo Ibars, José Sabaté,

Francisco Martínez, César Saborit y un tal Serrano. De allí se llevaron una buena cantidad de dinero y de joyas, que superaba de largo el millón de pesetas; al marchar lanzaron el grito de Visca la República, para que quedara bien claro quiénes había realizado aquella acción.

Al día siguiente, 13 de agosto de 1949, Pedro Adrover, Domingo Ibars, Francisco Martínez Márquez, Celedonio García Cansino, Arquímedes Serrano Ovejas, José Lluís Facerías, Arenys y *El Sordo*, sobre las 10 de la mañana, se presentaron en la fábrica de automóviles Eucort SA de la calle Nápoles, haciéndose acompañar por el administrativo Mateos C. M. y obligando al director gerente, Eusebio C. C., a abrir la caja y sustrayendo 100.000 pesetas; huyeron en un taxi matrícula B 50.663, de Laureano Á. L.; el taxista reconoció en vía layetana a Pedro Adrover Font.

El 16 de agosto de 1949, los maquis vuelven a la carga en busca de fascistas en la noche oscura, sin luna, de Catalunya. Es la llamada *Operación documentación*. El objetivo era conseguir documentación legal para después utilizarla o bien hacer copias de la misma; así, vemos que Domingo Ibars, Arquímedes Serrano, Francisco Martínez Márquez, Josep Luís Facerías, Pedro Adrover Font, Areny y *El Sordo* se presentan en la casa de Campo que hay en La Rabassada, conocida como *Mas del Bosch*, carretera Barcelona a Terrassa, kilómetro 11,200, en el término municipal de Sant Cugat. Aquella noche estaba la propietaria, Montserrat L. G., viuda de Parera, su yerno Guillermo R., al que le quitaron unas 600 pesetas que llevaba en la cartera, además de una pulsera y un aparato de radio que valoraron en 1.300 pesetas.

Después de este episodio se apostaron en la casa y alguno de los maquis se parapetó en un lugar oscuro de la carretera, en espera de los pocos coches que circulaban y aún menos en plena noche; en aquel tiempo, quien podía disponer de un automóvil era cuanto menos sospechoso de ser un estraperlista o adicto al régimen o de servir al mismo o, directamente, un hombre del régimen. Las mujeres en aquella época estaba mal visto que condujeran un automóvil, mientras que los obreros, derrotados, aquel que tenía trabajo igual prefería ir a pie para ahorrar el billete del tranvía o metro.

Aquella noche, una vez parapetados en una curva y en plena oscuridad, empezaron a parar a los vehículos que pasaban por allí. Primero fue un Austin M-6.198, conducido por Joaquín V., que iba con algunos familiares; allí consiguieron unas 900 pesetas y dos relojes valorados en 5.000 pesetas, además de documentación del régimen que podía servir para suplantar alguna identidad. Después, el Peugeot V-17.066, conducido por Luis de las C., donde cogieron 1.500 pesetas; a Luis le acompañaba su esposa y el hijo de ambos, que llevaba 122 pesetas, un reloj y una pulsera, ambos de oro. Después, otro coche Lincon 1949, con matrícula M-3.455, conducido por Ramón R., que también estaba acompañado de esposa e hijo; a Ramón le quitaron unas 5.000 pesetas en metálico y un encendedor, a Mariano C., un reloj de oro y a su esposa una pulsera, y a la señora Paggeneto, que les acompañaba, dos anillos de oro. En otro de los coches que pasó aquella noche por La Rabassada conducía Arturo P., acompañado de su hermano; iban en un coche Mercuri; con los dos hermanos iba un italiano llamado Albera al que le dieron está consigna: *Ustedes son los que aseguran que en España haya orden; pues vaya y cuente esto a su embajada.* Otro de los coches que pasó aquella noche por allí lo conducía Francisco F., un coche de marca Wanderer con

matrícula SA-4.016; a Francisco lo acompañaba Salvador D. y su esposa, a la que le
quitaron un solitario y una pluma, que la
mujer valoró en 25.000 pesetas, y setecien-
tas pesetas en metálico, además de la documentación. Después, otro coche de marca
Buitck, matrícula GE-7.266, conducido
por Pedro S., al que nada le quitaron. A
continuación, un FIAT B-59.601 conducido por Ramón T., al que le quitaron un reloj Longines, valorado 500 pesetas, y 200
pesetas en metálico. Después de todo esto
dejaron encerrados en una habitación a todos en la *Masía del Bosc* y marcharon con
uno de los coches expropiados; se trataba
del Lincon 1949, al parecer el más moder-
no de todos los coches que pasaron por allí
aquella noche, que luego fue abandonado
en Pueblo Nuevo.

El 19 de agosto de 1949 estalló un artefacto en una ventana del Palacio de la Di-

putación en la calle San Honorato, según parece también colocado por Pedro Adrover Font.

El 23 de agosto de 1949, Josep Lluís Facerías y su gente, que van camino de Francia, cerca de la Junquera se encuentra con el auto de Edgar Neville, en el Kilómetro 868 carretera de Madrid a Francia por la Junquera; se produjo el asalto del coche Studebaker SG-7.636 donde iba el dramaturgo, obligando a descender al ilustre Edgar, al igual que al resto de pasajeros, de aquel viejo Studebaker. Poco después hubo un encuentro con la guardia civil, que obligó al grupo de maquis a desviar un poco el intento de pasar la frontera, buscando otro punto para cruzarla; seguramente decidieron ir hacia la zona de Banyuls o cerca de aquel lugar.

Era el 26 de agosto de 1949, cerca de Espolla, cuando los maquis de nuevo se encuentran con una partida de Guardia Civil y en el enfrentamiento morirán Celedonio García Cansino Celes y Enrique Martínez Marín *Quique* (serán enterrados en el cementerio de Espolla, donde sus tumbas en el suelo causan aún una enorme impresión y uno entiende que en este país todavía falta recuperar mucha justicia de la llamada democrática). Al final, Josep Lluís Facerías y Antonio Franqueza Fonoll, este último malherido, logran cruzar la frontera[4].

El 27 de septiembre de 1949, después de coger el taxi B-29.761 conducido por Santos P., cerca del Palacio de Pedralbes, el taxista conduce hasta la calle Provenza, núm. 267, donde en el principal de aquel edifico vive el contratista de obras públicas falangista Mariano A. B. Eran las 9 de la noche y después de resistirse recibe un culetazo con la ametralladora que llevaba uno de los maquis expropiadores; en aquella aventura estaban Pedro Adrover, César Saborit, Julio

Rodríguez *El Cubano*, Francisco Martínez Márquez y Arquímedes Serrano Ovejas. Se desconoce el botín de aquel encuentro en la calle Provenza, pero debió ser importante.

Seguramente, en Barcelona los compañeros anarquistas no se enterarían de lo sucedido en la frontera (Espolla) hasta bien entrado el mes de septiembre u octubre, pero allí y donde podían, los maquis seguían hostigando a todo aquello que olía a régimen fascista de Franco, jugaban con mucha desventaja, pero para ellos en absoluto había terminado una guerra, y seguían teniendo los ideales de un mundo mejor para los suyos y continuaban luchando. Así, el 30 de septiembre de 1949, Domingo Ibars, José Pérez Pedrero, Santiago Amir Cruañes *El Cherif*, Francisco Martínez Márquez *El cubano*, Arquímedes Serrano y Pedro Adrover Font, visualizan un nuevo el objetivo, en el Paseo de Gracia de Barcelona; dos de ellos están en el parque Güell en un taxi a la espera del regreso de los demás, se trata de Santiago Amir y Francisco Martínez Márquez. Los demás se dirigen al Paseo de Gracia, 80, donde después de intimidar a los miembros de aquella oficina, se apoderan de unas 7.000 pesetas; al parecer, los maquis esperaban una recaudación más importante.

También hay que tener en cuenta que eran importantes las bases que la guerrilla de los maquis tenía en el recorrido desde que pasaban la frontera hasta llegar a Barcelona, no era una tarea fácil y había que ir con mucha precaución. La Guardia Civil lo sabía y empezó a castigar a aquellas personas que ayudaban o daban cobertura a los maquis; así, el mismo 30 de septiembre la Guardia Civil había detenido a Juan Cuberas Espelt, junto a su compañera Antonia

Graells, y Manuel Bares, acusados de dar cobertura a los grupos de maquis que cruzan la frontera de Francia; no son más que labradores que prestaban auxilio a los que cruzaban la frontera, dándoles sobre todo de comer; hechos como este serán una constante de las inspecciones que el instituto armado realiza, merodeando los pasos fronterizos y estrechando la vigilancia donde pudieran dar cobijo a los grupos de maquis.

El 6 de octubre de 1949, José Sabaté y su gente, junto a Julio Rodríguez Fernández *El cubano*, Pedro Adrover Font, Domingo Ibars Juanis, José Corral Martí, Santiago Amir Cruañas *El Sheriff* y Eusebio Montes, se presentan en la sucursal del Banco de Vizcaya de la calle Rocafort; iban con dos automóviles, aquel día por algún motivo no pudieron consumar el atraco.

El 9 de octubre de 1949, de nuevo está Facerías por Barcelona, y se realiza el primero de los atracos a *La Casita Blanca*. El objetivo principal es la documentación de aquellos franquistas que puedan encontrar en el burdel. El grupo de Josep Lluís Facerías, formado por Domingo Ibars Juanis, Miguel García García, José Corral Martín, Manuel Fornes Marin, Julio Rodríguez Fernández, Francisco Martínez Márquez, César Saborit y Pedro Adrover Font, se presenta en *La Casita Blanca* de la calle Bolívar, establecimiento de propiedad de Miguel Blach Termes; solo entrar se hicieron con 700 pesetas que llevaba Miguel de la recaudación hasta el momento, como el reloj que portaba y un anillo de oro; a Eugenio F. F., uno de los clientes, le encontraron un reloj de oro y otro reloj de pulsera marca omega, una pluma estilográfica, una petaca de tabaco de plata; a José

G. R., una cartera de piel, un reloj de pulsera, dos plumas estilográficas, unas gafas de sol; a José del Pilar B., un reloj de pulsera, una estilográfica, un lápiz de oro, un mechero Dunhil; a Enrique D. P., dos carteras de piel, dos relojes de pulsera, una pluma estilográfica, un encendedor y unas gafas de sol; a José P. F., 75 pesetas y también a Martín A. Q. le incautan un cheque al portador. Y a todos ellos, por supuesto, la documentación que llevaban encima, que era lo que en un principio más les interesaba a Facerías y compañeros.

Referente a como se distribuyeron los maquis en aquella acción, dos de ellos, José Corral Martí y Manuel Fornes Marín, se quedaron en la puerta para vigilar las distintas entradas que tenía el edificio de *La Casita Blanca*; los demás entraron dentro y revisaron todas las habitaciones, una por una; en el momento de partir cogieron uno de los vehículos que había en el burdel, matrícula M-60.308, propiedad de José G. R.

Unos días después, aquel 14 de octubre, se presentan en la sucursal del Banco de Vizcaya de la calle Rocafort, volviendo al mismo lugar que el día 6 de octubre de 1949, que habían desistido por algún motivo que desconozco. Iban Adrover, Ibars, José Corral, Santiago Amir, Eusebio Montes y José Pérez Pedrero *Tragapanes*; aquel día fueron sorprendidos por la Brigada Político Social y hubo un tiroteo, donde resultó muerto el maqui anarquista Luciano Alpuente que siempre acompañaba a José Sabaté; llevaba una documentación a nombre de Enrique Madruga Herrero, también parece ser que tomó parte en este enfrentamiento con la policía en la calle Rocafort el maqui Miguel García García que, como otros, pudo salir del cerco.

Aquella tarde del 14 de octubre José Pérez Pedrero *Tragapanes*, César Saborit Carrelero y Pedro Adrover se hicieron con el vehículo del Fomento y Construcciones matrícula B-67.549, al ir a salir este desde las oficinas de la calle Balmes. En el coche viajaban el chofer y los pagadores de las nóminas de la empresa, Jaime M. A., Ramón S. B. y Alfredo S. C.; en aquel momento, en el coche había 734.000 pesetas, portaban el dinero en un grueso maletín de madera; inmediatamente, los anarquistas, a la mínima que pudieron, dejaron el coche y continuaron, cambiando de automóvil al que vieron a la altura de la calle Balmes, 329; era un taxi matrícula MA-28.880; al conductor lo obligaron a bajar en Diagonal con Paseo de Gracia.

El movimiento libertario por aquellos días genera mucha actividad, aunque sus hombres son conscientes de que actúan en minoría y que tarde o temprano serán detenidos. Así, aquel 14 de octubre de 1949, en otro lugar de la ciudad, Vía Layetana, unas horas más tarde continúan con la adrenalina de la acción los anarquistas. Pedro Adrover, Domingo Ibars, José Sabaté, Francisco Martínez, César Sabort y un tal Serrano se presentaron en la joyería de Manuel C. M., aparcaron en la puerta con un espléndido Chrysler Royal matrícula B-68.094 que había sustraído del garaje *Luxor* y se llevaron un montón de dinero y numerosas joyas que el mismo propietario no tenía cuantificadas, al marchar lanzaron el grito de *Visca la República*.

Según Miguel García García, uno de los maquis detenidos y juzgados en el mismo proceso que Pedro Adrover Font, la delación llegó por parte del más joven de todos ellos, Jaime Albama Morell, al tratar de vender un reloj de oro de las piezas robadas anteriormente en el mercado de *Los Encantes* de Barcelona; alguien dio cuenta a la policía de la sospecha de aquella pieza de oro y a partir de ese momento la Brigada Político Social siguió la pista de Jaime Albama, hasta detener a todo el grupo.

Así, llegó el momento del cerco al grupo de maquis por el que transitaba nuestro referenciado mallorquín Pedro Adrover Font. La detención de varios de ellos se produjo en casa de Ramón Loscos Viñas; en esta casa de la calle Josefa Masanes con frecuencia se había dado cobijo a numerosos anarquistas que llegaban a la ciudad clandestinamente, por ejemplo, anteriormente se había instalado en ella Celodonio García Cansino; recordemos que murió en un enfrentamiento con la Guardia Civil cerca de la frontera con Francia. También hacía pocos días, Francisco José Masip Valls, junto a César Saborit Carrelero, habían marchado hacía Francia y estuvieron algunos días por aquella casa del barrio del Clot; también en aquella vivienda habían llevado hacía pocos días al herido Antonio García García, recordemos que tuvo un encuentro con *La Benemérita*, y había tenido sus primeras curas en Manresa y paso unos días en una pensión de la calle de Sant Andreu, para luego traerlo hasta el domicilio de Ramón Lascos, al tiempo que había convocada una reunión donde acudieron Pedro Adrover Font, José Pérez Ferrero y Arquímedes Serrano, que murió en aquel encuentro inesperado en el momento de la detención con los hombres del comisario Eduardo Quintela; era el 5 de noviembre de 1949. Anteriormente, Arquímedes había estado herido en una pierda y en aquella misma casa había estado asistido por el médico Domingo Castells.

De todos modos, durante estos dos últimos años, en numerosas ocasiones Pedro Adrover Font, cuando estaba en Barcelona, vivía en casa de Domingo Ibars, que en principio estaba libre de sospecha; también estuvo en aquella casa de Ibars durante unos quince días Jorge Pons Argiles, pero cuando se produjo la detención de Pedro Adrover, este aseguro en el registro de la casa que vivía con Ibars, que no tenía nada que ver con sus actividades en el grupo *Talión*. Otra cosa es lo que creyera Eduardo Quintela.

Una vez pasaron todos por Vía Layetana (*El cau de la bèstia*), donde estuvieron varios días en sus calabozos, fueron interrogados y linchados, conforme iban siendo detenidos y la policía fue reconstruyendo el camino de todos ellos entre 1947 al 1949, junto a los grupos *Talión* y otros que quedaban en el camino o por detener.

Las diligencias y notificación de aquel proceso sumario 658/IV/1949 tomarán un nuevo rumbo acelerado a partir del 4 de febrero de 1952, después de tres años más o menos. Todos detenidos y encerrados en la cárcel *Modelo* y en la prisión de *Las Corts*, esperando alguna resolución del fascismo franquista, y llegó el día cuando se inició aquel juicio a las 9 de la mañana del 6 de febrero de 1952. En el banco de los acusados estaban los procesados José Corral Martín, Antonio Bravo Soler, Domingo Ibars Juanis, Miguel Rodríguez Alarcón, Miguel García García, José Piñol Dulcet, Manuel Lecha Aparisi, Pedro Adrover Font, Jorge Pons Argiles, Pedro Meca López, Gregorio Montserrat Gerona, Manuel Fornes Marin, Ignacio Aliguer Soler, Manuel Guerrero Mota, Santiago Amir Cruañas, Antonio Moreno Alarcón, Ginés Urrea Peña, José Iglesias Paz, Manuel Montañés Bernard, Eusebio Montes Bresco, José Pérez Pedrero, Ramón Loscos Viñas, Abel Benedicto Serrano, Esperanza Moreno Agrela, Antonia Saborit Carrilero y Justina González Valverde. Era, pues, un macroproceso con veintitrés hombres y tres mujeres. El primer día del juicio nos lo describe Miguel García y nos sitúa para comprender el ambiente que reinaba en la calle y en aquel lugar[5].

Miguel García García nos explica el contexto de aquel juicio donde, para empezar, estuvieron dos años y medio para prepararlo bien, desde octubre de 1949 hasta este marzo del 52, todo un trabajo policíaco y represivo, que a la postre Eduardo Quintela estaba preparando para que los anarquistas supieran quién mandaba en aquella Barcelona de los cuarenta en adelante.

Afirma Miguel: *En la sala en la que iba a celebrarse el Consejo de Guerra había un retrato enorme del Caudillo que contrastaba con el diminuto crucifijo que colgaba de la misma pared. Los oficiales que componían el tribunal estaban sentados bajo estos santos emblemas. El presidente del tribunal era el orgulloso y somnoliento coronel Regalado, hombre de piel morena a quien conocía de*

*la Barcelona de antes de la guerra. Regala-
do era borrachón y fanfarrón, y estaba ena-
morado de sí mismo... Los bancos de madera
en los que nos sentábamos (los presos), al parecer donados por una institución religiosa,
contrastaban notablemente con los que ocu-
paban la enorme sala del palacio de justicia,
muebles impresionantes que empequeñecían
a las personas y reducían el juicio justo a lo
que era: una farsa, una representación tea-
tral*[6].

El abogado defensor de Pedro Adrover
Font era Antonio Vidal y Moya, capitán de
Caballería; estaba designado para patroci-
narlo a él y a otros más (de un juicio en el
que ya todo estaba atado y vuelto a atar).
Dijo sobre Adrover *Que a su juicio, sin que
ello suponga simpatía con los actos realiza-
dos, pues desde luego, como hombre honrado
y como persona togada ha de reprobarlos, el
encartado no podía estar presente ni tomar
parte en todos los hechos delictivos de que se le*

acusan, pues la falta de prueba plena en estos casos, en que el Señor Fiscal pide una pena tan grave, es motivo de que no se considere autor al que aparece con dudas que no permiten asegurar la comisión de un hecho. Esta es la escueta verdad, sin comentarios de clase alguna. Es verdad que, al parecer, mi patrocinado intervino en algunos delitos, previstos y penados en el Decreto ley 18 de abril de 1947, hallándose comprendida la actuación de mi expresado defendido en el Art. 5º núm. 2 del citado Decreto, puesto que, no ha sido nunca jefe de partida, aunque formó parte de las mismas, ninguno de estos hechos está castigado con la pena de muerte.

La pena de muerte que tan grave es, Señores del Consejo, y que tan digna de consideración es de estudio, ya que malo es, muy malo, este delito que han copiado los llamados criminales en España y "gánster" en América, es estos últimos por la influencia, a

*nuestro juicio, en ocasiones nefastas del cine-
matógrafo. Pero, justo es reconocer con plena
ecuanimidad, que la pena de muerte es, si
existe equivocación alguna, irreparable e
irremediable, siendo cometida por personas
que son buenas, que son cultísimas, que son
responsables y que, en definitiva, quieren
aplicar la ley, esa ley fría y serena contra
aquellos que la infringieron".*

Y acaba Antonio Vidal pidiendo para
Pedro Adrover Font la pena de 30 años de
reclusión mayor y accesorias correspon-
dientes de interdicción civil e inhabilitación
social especial[7].

Sin duda, el cine americano de gángste-
res hizo mella en el abogado y en aquella
época tan en boga en las pantallas de los ci-
nes en cada barrio del país y seguramente
en buena parte de aquella España, no había
mucho más que añadir y a pocos les preo-
cupaba la suerte de aquellos generosos

anarquistas y mejor para ellos marchar al cine a ver películas de la época recordando los tiempos de la ley seca en USA con *Gángster contra Charros*, o la historia de John Dillinger, de 1945, que seguro entraba en el imaginario de los falangistas, *La Mafia y Lucky Luciano* o el propio *Al Capone*.

El ministerio del ejército, que llevaba la causa sumarísima General 658/IV/49, una de las más numerosas, que se realizó contra el maquis anarquista, se hizo pública la sentencia de muerte, con el enterado de Madrid el 8 de marzo de 1952, que procedía del Palacio del Pardo para a Pedro Adrover Font, José Pérez Pedrero, Santiago Amir Cruañas, Ginés Urrea Piña y Jorge Pons Argiles, y se conmutaba la pena capital a Antonio Moreno Alarcón, Domingo Ibars Juanis, José Corral Martín y Miguel García García, estos últimos conmutada la pena por 30 años de cárcel, estaban sentenciados en vida a vagar por los penales de España. Tal como nos cuenta Miguel García, a los que acababan de conmutar la pena les hicieron salir de la celda donde estaban y subir al primer piso, mientras Adrover gritaba que solo conmuta a cuatro compañeros, de madrugada empezaron a llamarlos uno por uno; primero fue Adrover, después Pedrero y el último Urrea, que gritó *¡Viva la FAI!, !Viva la Resistencia!*, los guardias gritaron exigieron silencio y ellos, todos juntos, contestaron *¡Viva la FAI!* e inmediatamente todos los presos de la galería corearon la misma consigna. *¡Viva la FAI!*

Estos son los maquis más señalados en aquel momento; otros de la misma causa tuvieron algo más de suerte y la pena de prisión fue algo menor.

Así, el 14 de marzo de 1952 se cumplió la sentencia con el enterado que provenía de *El Pardo*, había vía libre para fusilar en el campo de *La Bota* a Ginés Urrea Piña, que había estado detenido el 6 de mayo de 1950; también ese mismo día era fusilado a las 6 y cuarto de la mañana Santiago Amir Cruanyes; José Pérez Pedrero, nacido en Barcelona en 1926, eran hombres que acompañaban en numerosas ocasiones a Marcelino Massana. Otro de los fusilados de aquel día será Jordi Pons Argiles, nacido en 1912, alias *Tarántula*; y nuestro referenciado Pedro Adrover Font *El Yayo*, de Palma de Mallorca, nacido en 1908.

Al día siguiente, el certificado del ayuntamiento de Barcelona da fe de que ha sido enterrado en la fosa común del Cementerio del Sudoeste de Barcelona, aquel 15 de marzo de 1952, con sus compañeros de vida.

En este periodo del franquismo, sobre todo desde el final de la Segunda Guerra Mundial, la prensa española no informaba nunca de las acciones de los maquis en Catalunya o España, pero aquel día tuvo permiso para informar de todo cuanto acontecía en el Consejo de Guerra 658/IV/ 49 con el título *Cumplimiento de sentencia contra atracadores, el fallo de los tribunales se ha basado en el código Penal vigente y la ley de bandidaje del 18 de abril de 1947...* En uno de los apartados del artículo, después de dar los nombres y detalles de los implicado, afirma que *el grupo de atracadores denominado Talión. Se trata, pues de la existencia del Gang clásico en otros países con sus mismos fines, procedimientos y disciplina interior. Al hilo de las pruebas que figuran en el sumario, queda también patente la existencia de relaciones entre los del Talión y de los componentes de, en algunos momentos actuantes, Gang Massana y Boada Berga.* Y a continuación recoge los 53 hechos comprobados del Gans Talión.

Para ir acabando, recordemos que hay una acusación de los esbirros de Eduardo Quintela que dice que Pedro Adrover participó en un enfrentamiento con la policía el 31 de octubre de 1945; en ese encuentro hubo un policía herido, por lo que se abre una causa sumario 729/49, en el que implican a Pedro Adrover Font y pretenden que este asuma los gastos y la pensión del policía herido, se trata de una instrucción militar especial que se anuncia el 20 de mayo de 1952, pero para esa fecha Adrover ya lleva un tiempo, casi dos meses, en la fosa común del cementerio de Montjuic, cuando ya el comandante Plácido Nasarre ha certificado que todos los condenados de la causa 658/IV/ 49 no tienen bienes gananciales, por lo que no pueden responder económicamente. De todas formas, esta acusación carece de sentido, ya que es difícil que Pedro Adrover estuviera en Barcelona en 1945, ya que él fue uno de los liberados del Campo de Mathausen, y seguro que necesito un periodo importante para recuperarse de la hambruna que pasaban en aquel campo nazi donde lo fácil era salir por la chimenea, así que en aquel momento tuvo suerte de salir con vida de aquel espacio de exterminio y poco más.

Aquí termina el sueño de un hombre libre que luchó con generosidad para construir un mundo sin privilegios, pensando en que los hombres y mujeres libres debían ser copartícipes de un proyecto común de vida.

Manel Aisa Pàmpols
Hospitalet, Lladó, Porrera
Noviembre de 2024

NOTAS

1. *CNT órgano del movimiento libertario*, nº 12, julio 1945.

2. Carlo Rosselli: *Hoy en España, mañana en Italia y otros escritos sobre la guerra civil*, introducción de V.Paglione, 2024 , p.16.

3. Manel Aisa Pàmpols: *Tiempo de generosos y cautivos anarquistas*, El Lokal, 2024, p.277.

4. Antonio Téllez: *Guerrilla Urbana. Facerías*. Ruedo Ibérico, París, 1974.

5. García García, Miguel: *Franco's prisoner, Manifest-Texte*, s.f., p. 206.

6. Miguel García: *Prisionero de Franco*. Anthropos, 2010.

7. Folio 1045 del sumario causa 658-IV-49. Tribunal Militar IV Región Cataluña.

Foto a su compañera.
Del 5 de abril de 1941, cuando estaba en el exilio en Francia.

Capitanía General 4º Región Militar.
Causa sumario 658/IV/49.

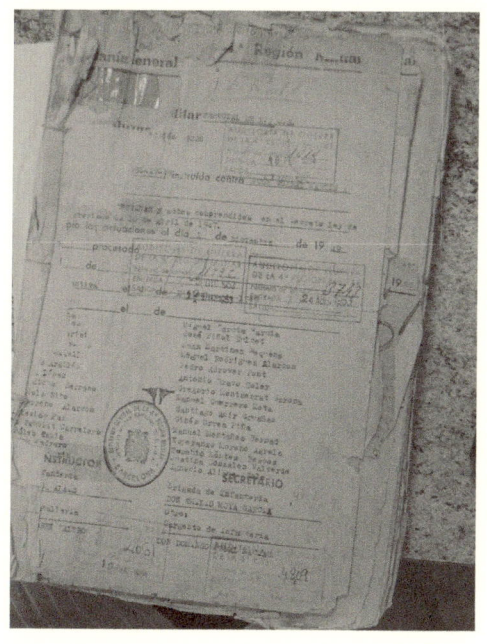

Pedro Adrover Font.

Informe del abogado defensor de Pedro Adrover Font,
se trata de Antonio Vidal
y Moya, era capitán de Caballería.

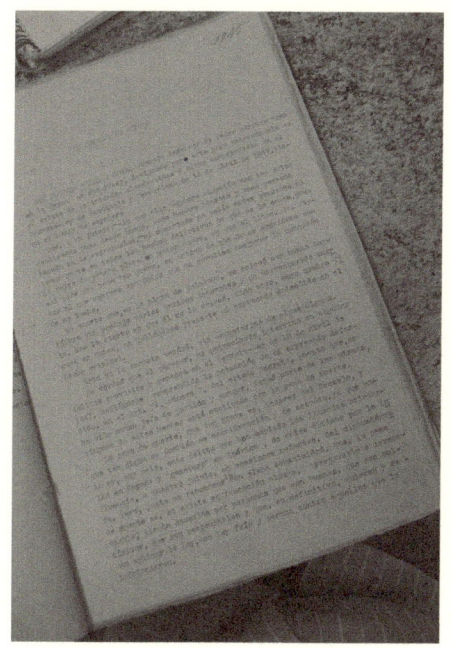

Certificado de fallecimiento de Pedro Adrover Font.

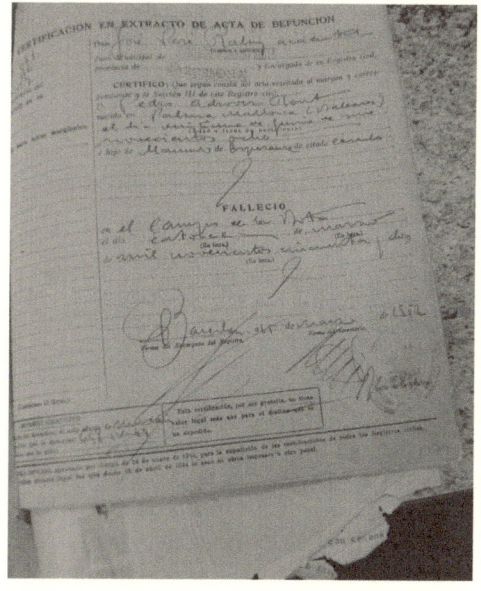

Documento donde Eduardo Quintela (Brigada Político Social), certifica el día de la detención de cada uno de los juzgados en el proceso 658/IV/49.

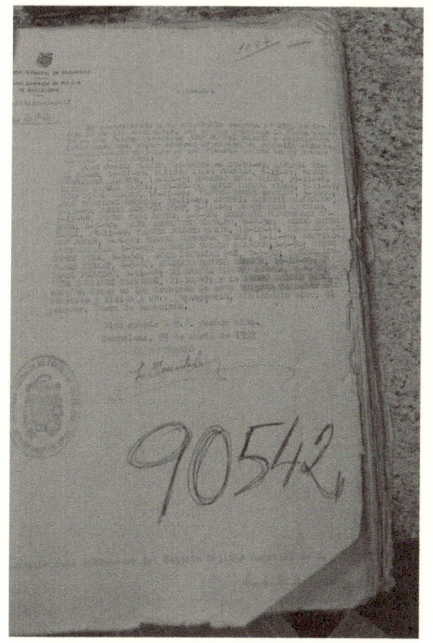

CALUMNIA

Palabra malintencionada,
que busca dañar el honor.
Materia venenosa,
capaz de destruir reputaciones.

Discurso
que arde en falsedades.

La primera edición de
Pedro Adrover Font,
un maquis en la resistencia anarquista
de MANEL AISA PÀMPOLS
se publicó el 14 de marzo de 2025, coincidiendo
el fusilamiento de Pedro Adrover Font en el
Campo de la Bota, junto con Jordi Pons Argilés,
José Pérez Pedrero (*Tragapanes*), Ginés Urrea Piña
y Santiago Amir Gruañas (*El Sheriff*).
Historia y Memoria.